Guide des investissements rentables en crypto-monnaies

Contenu

La révolution des crypto-monnaies dans l'économie 5

Apprenez à investir dans les crypto-monnaies 7

Tendances en matière d'investissement dans les crypto-monnaies 13

Identifie les qualités des crypto-monnaies 16

Les utilisations actuelles des crypto-monnaies 18

Précautions à prendre lors d'un investissement en crypto-monnaies 21

Comment investir dans les crypto-monnaies sur le long terme ? 26

Découvrez le prix du bitcoin comme un investissement à long terme 30

Négociation rentable à long terme en crypto-monnaies 31

Spéculation ou investissement à long terme dans les crypto-monnaies ?
.... 35

Découvrez comment construire un portefeuille de crypto-monnaies à long terme. 39

Les composantes d'une stratégie d'investissement à long terme 53

Quelques mesures pour bien gérer les investissements à long terme 78

Le rôle des crypto-monnaies comme option à long terme 85

Conseils pour investir à long terme dans le Cardano 86

Tout ce que vous devez savoir sur la préparation des investissements à long terme 89

Ce que vous devez faire lorsque vous investissez dans des crypto-monnaies 95

Comment investir dans les crypto-monnaies par le biais du trading social ? 101

Un guide pour un investissement rentable grâce aux crypto-monnaies

Investir dans les crypto-monnaies est devenu un moyen beaucoup plus fiable que les autres actifs, surtout parce qu'ils sont résistants à la dévaluation face, pour cette raison, ils peuvent être classés comme un outil financier important, car la crypto-monnaie peut être utilisée comme un système de paiement qui offre des avantages étendus.

Pour dissiper les ravages de l'économie, il est idéal de connaître tous les détails sur les crypto-monnaies, car c'est une échappatoire pour avoir des économies et surtout un résultat futur qui peut doubler vos gains, cet avantage est ce qui provoque la mention quotidienne de Bitcoin, Ripple, Dash, Ethereum et bien d'autres.

La révolution des crypto-monnaies dans l'économie

L'économie mondiale a facilement intégré les crypto-monnaies, principalement en raison de la protection qu'elles offrent contre l'inflation, mais aussi parce qu'elles constituent un actif décentralisé, c'est-à-dire qu'elles ne dépendent d'aucun gouvernement ou entité bancaire, ce qui en fait un marché attractif.

Ces monnaies virtuelles sont classées dans la catégorie de l'or numérique, une promesse que l'argent peut être conservé et prendre de la valeur au fil du temps. Elles sont désormais utilisées comme un moyen de paiement rapide et pratique qui transcende toutes les frontières, tout en préservant les données privées de chaque transaction.

Pour mener à bien toute activité économique, il est idéal en raison du niveau d'anonymat qu'il procure. Chaque détail compte donc pour explorer en profondeur la manière d'investir et, en même temps, pour trouver des plateformes qui facilitent ces opérations avec la sécurité nécessaire pour sauvegarder vos actifs.

Apprenez à investir dans les crypto-monnaies

Les étapes et les aspects que vous ne pouvez pas négliger lorsque vous voulez investir dans les crypto-monnaies sont simples à comprendre, une fois que vous pouvez vous y conformer pleinement, vous pouvez faire partie du monde des crypto-monnaies sans prendre tant de risques.

1. Choisir un courtier

Aujourd'hui, vous pouvez trouver de bons courtiers de renommée internationale, comme eToro et Binance, à travers ces options vous pouvez consulter la liste des monnaies numériques qui s'échangent et sont disponibles, vous pouvez distinguer celle qui vous convient en fonction des monnaies virtuelles qu'elles possèdent et de leurs qualités attractives du moment.

Les deux alternatives susmentionnées sont connues comme les meilleures plateformes pour le trading de crypto-monnaies, en même temps elles vous présentent des options pour que l'investissement que vous faites puisse suivre un chemin plus rentable, vous pouvez trouver l'opportunité ou l'option de trader et de négocier le Bitcoin, le Litecoin et d'autres avec une bonne projection.

Les options les plus courantes pour investir dans les crypto-monnaies sont le Bitcoin, le Ripple, l'Eos, le Dash, l'Ethereum, le Neo, le Stellar et le Litecoin, mais elles varient toutes en fonction du mois ou du moment où vous entrez sur le marché, il est donc préférable de tenir cette liste constamment à jour pour évaluer les actifs de la meilleure qualité.

L'un des avantages dont vous pouvez profiter est que ces plateformes vous permettent de négocier des crypto-monnaies, ce qui vous permet de déplacer votre investissement à court et à long terme vers la classe d'actifs de votre choix.

2. **Pensez aux contrats CFD**

La mobilité du marché des crypto-monnaies est un phénomène frappant, car l'expansion est l'un des signes les plus fréquents de ce support et c'est le genre d'opportunité financière que tout le monde attend, tant que vous pouvez être bien informé, vous serez en mesure d'échanger et d'obtenir des avantages financiers.

Une fois que vous êtes en mesure d'acheter et de vendre des crypto-monnaies telles que le Ripple, le Litecoin et le Bitcoin, il est possible de le faire sous la forme d'un produit financier, appelé CFD, qui donne aux traders la possibilité d'investir dans un prix spécifique sans l'acheter réellement.

Les contrats CFD peuvent être étroitement liés aux crypto-monnaies de la même manière que le marché du forex est développé, afin que les traders puissent spéculer sur la hausse ou la baisse des actifs sélectionnés sans les avoir achetés.

Une action qui peut être réalisée est le trading de crypto-monnaies à travers les CFD, où l'avantage de pouvoir utiliser un effet de levier se présente, cette option peut être plus ou moins élevée selon vos objectifs et le type d'expérience que vous avez en réalisant ces actions.

Tout ceci ne fait qu'envoyer un message clair : être trader n'implique pas ou n'exige pas un grand capital, mais vous pouvez commencer à trader avec un pourcentage de la valeur totale d'une certaine position, et les transactions peuvent être gérées 24 heures sur 24, 7 jours sur 7.

Du côté de la sécurité, il n'y a pas grand-chose à craindre, car tant que vous êtes avec un courtier sûr et réglementé, vous pouvez négocier des crypto-monnaies sans avoir à subir tant de soucis.

3. **Méfiez-vous des escroqueries**

Le choix des courtiers est essentiel pour éviter les escroqueries, car certaines plates-formes ont de nombreux cas de ce type, car il s'agit d'un secteur qui fonctionne avec beaucoup de fluctuations, et vous ne pouvez pas faire entièrement confiance aux schémas et aux programmes qui offrent de l'argent facile et rapide en échange d'un certain investissement.

Dans le cas où vous ne trouvez pas un investissement sûr et rentable, vous pourriez confier votre argent à des algorithmes fantômes qui annoncent qu'ils fonctionnent avec une précision de 100% sur leur prédiction du marché des crypto-monnaies, pour cette raison, vous ne devriez pas faire confiance à ces moyens qui vous promettent de l'argent facile, car derrière cela il y a généralement une arnaque.

La seule façon de gagner de l'argent réel est de faire confiance aux courtiers qui sont totalement fiables, et de ne pas suivre aveuglément les publicités qui peuvent apparaître sur cette plateforme de négociation.

4. **Envisagez la négociation automatisée**

La manifestation du Copy Trading est exprimée comme une stratégie pour les traders de la plateforme de copier automatiquement pour faire des positions financières, celles-ci sont partagées par d'autres investisseurs ou utilisateurs de courtiers qui sont connus pour avoir du succès dans cet environnement pour leurs opérations.

Cela signifie que l'investisseur peut copier les investissements d'autres traders qui ont plus d'expérience et de succès, mais c'est une méthode qui n'est pas favorable pour ceux qui veulent vraiment apprendre, bien que pour la confiance et le confort, c'est une option valable, tout dépend du type d'investisseur que vous êtes.

Avant de copier la stratégie d'un trader, il y a quelques détails à prendre en compte. Tout d'abord, vous ne pouvez pas perdre de vue le paramètre de risque, les coûts et l'exactitude des rapports de performance, c'est donc une méthode qui fonctionne pour suivre une partie des fonds de l'investisseur et copier les positions du trader.

Si vous êtes intéressé par ce type d'investissement, vous devez faire attention à ne pas investir de grosses sommes d'argent et comprendre à tout moment que c'est un risque de suivre les idées et les stratégies d'un autre utilisateur, ce qui peut être préjudiciable.

Tendances en matière d'investissement dans les crypto-monnaies

Depuis 2009, date de naissance du bitcoin, de plus en plus de crypto-monnaies sont nées, jusqu'à aujourd'hui, où une quantité exorbitante de ces actifs domine le marché économique, où certaines d'entre elles ont émergé avec une valeur et une popularité élevées et sont installées depuis longtemps :

- **Bitcoin**

En tant que première crypto-monnaie, elle constitue une garantie mondiale, notamment en raison de sa popularité sur les marchés virtuels, ce qui est démontré par sa capitalisation boursière qui parvient à dépasser tout type de record ou de mesure, raison pour laquelle, après 10 ans, elle reste une idée d'investissement valable.

- **Litecoin**

Elle est reconnue comme LTC et est l'une des deuxièmes monnaies numériques les plus traditionnelles derrière, elle est à l'origine de tous les mouvements que génère le BTC, connaissant de fortes hausses sur le marché, mais en même temps elle subit des périodes de retard, comme un signe du niveau de volatilité observé sur ce support.

L'un d'entre eux est le temps des transactions qui sont effectuées en 2,5 minutes, alors que le Bitcoin prend 10 minutes, ce qui signifie que le LTC est 4 fois plus rapide que le Bitcoin, et il en va de même pour le nombre de pièces.

- **Ethereum**

Il s'agit d'une crypto-monnaie qui offre l'avantage de créer des applications, ou d'apporter des modifications à certaines applications existantes, ceci n'est pas compatible avec la plateforme Bitcoin, et sa capitalisation a augmenté son niveau, qui à plusieurs reprises a été proche de BTC.

L'Ethereum est en train d'être reconnu comme l'une des crypto-monnaies acceptées par les entreprises et certaines institutions financières, cela est dû au degré de popularité qu'il a pour de nombreuses entreprises, ce qui affecte en même temps le prix de cet actif.

- **Bitcoin Cash**

Il s'agit d'une crypto-monnaie qui s'est positionnée comme l'une des principales au niveau mondial, surtout en matière de capitalisation, notamment parce que son nom suggère qu'il s'agit d'une option de paiement en espèces, ce qui l'aide à être considérée comme une méthode de paiement plus rapide et plus efficace que le Bitcoin lui-même.

Cet objectif de bonnes performances a été un objectif des développeurs qui ont augmenté la taille des blocs qui composent le réseau original de 1 Mo à 8 Mo, jusqu'à aujourd'hui où ils atteignent 32 Mo.

- **Ripple**

Il s'agit d'une crypto-monnaie bien connue qui n'utilise pas la blockchain, laquelle encourage les transactions à atteindre le consensus de la plus grande partie de la communauté, de sorte qu'elle peut fonctionner plus rapidement que le bitcoin, raison pour laquelle Ripple est défini comme un type de service de réseau social.

Les fonctions de Ripple sont comparées à celles de PayPal, mais la différence est que tout le monde participe et est traité de manière égale, alors que PayPal est géré par une autorité centrale.

Identifie les qualités des crypto-monnaies

Au fur et à mesure que vous en apprenez davantage sur les crypto-monnaies, vous pouvez suivre de près le comportement qu'elles émettent sur le marché, leurs distinctions sont les suivantes :

1. Cryptographie. Il s'agit de l'utilisation de techniques de cryptage qui permettent d'effectuer des paiements et des encaissements sécurisés.
2. La décentralisation. Cela signifie que ces actifs ne sont pas contrôlés par une autorité ou une institution quelconque.

3. La confidentialité des opérations. L'utilisation des actifs peut être effectuée sans exposer votre identité, les données restent sécurisées.
4. Aucune duplication ou contrefaçon ne peut avoir lieu. Le système cryptographique permet de protéger les utilisateurs, car aucun problème ne se pose en matière de duplication.
5. Aucun intermédiaire. Le contact est direct lors des transactions, la seule chose dont vous dépendez est le courtier.
6. Transactions irréversibles. Lorsqu'on effectue un paiement, il n'est pas possible d'annuler, c'est un gage de sécurité.
7. L'échange contre des devises étrangères est autorisé. Les crypto-monnaies sont largement prises en charge et peuvent être converties en devises en un clic.
8. La transparence. Chaque transaction est enregistrée dans un grand livre connu sous le nom de technologie Blockchain, qui est à l'abri de toute manipulation.

Cet ensemble de caractéristiques permet de réduire les coûts, le temps et d'éliminer le risque constant d'être victime d'une fraude, ce qui en fait un meilleur moyen que tout autre agent financier.

Les utilisations actuelles des crypto-monnaies

La meilleure chose à propos de l'investissement dans les crypto-monnaies est que, quel que soit le but d'une telle démarche, elle est toujours rentable, car c'est un actif qui a une variété d'utilisations, c'est un support idéal pour des actions de trading telles que les suivantes :

- **Achat de produits**

Aujourd'hui, les paiements en crypto-monnaies sont acceptés dans le monde entier, vous pouvez donc couvrir tout type de dépenses avec vos investissements, sans retraits et avec beaucoup moins de paperasse, c'est un actif qui est sous votre contrôle donc vous pouvez émettre des transactions librement.

- **Paiement aux marchands**

Traditionnellement, l'acceptation des crypto-monnaies a entraîné leur classification comme paiement, c'est-à-dire que l'argent traditionnel a été échangé contre ce type d'actif qui permet de payer tout ce que l'on veut.

- **Investir**

Il ne fait aucun doute que l'utilisation la plus attrayante des crypto-monnaies est l'investissement, surtout en ces temps où l'inflation est une menace dans le monde entier, pour cette raison, plus de gens décident de prendre le risque d'investir et dans le meilleur des cas, vous pouvez obtenir des gains importants au fil du temps et des mouvements de l'actif.

Mais avant de franchir ce pas, il est conseillé d'évaluer ce que vous êtes prêt à investir, afin que tout incident négatif n'affecte pas votre bien-être, minimisant ainsi tout niveau de stress. Il est sain d'attendre et de respecter le timing de la stratégie d'investissement, ce qui est utile car ces actifs sont volatils.

- **Retrait d'espèces**

Les distributeurs automatiques de crypto-monnaies font partie des innovations qui se cachent derrière ces actifs, pour permettre l'échange de crypto-monnaies contre de la monnaie fiduciaire, tout en augmentant l'achat de crypto-monnaies pour les utiliser comme moyen de paiement plus courant.

Ce type de profit confirme que les crypto-monnaies sont une réalité sociale, donc lorsqu'on cherche un investissement rentable, on ne peut pas négliger cette alternative pour s'enrichir, car faire ce pas signifie obtenir de grands profits à travers un marché volatile mais qui reste jeune grâce à toutes les projections qui peuvent être faites.

La seule chose à faire est d'acheter une certaine quantité de crypto-monnaies par le biais de la monnaie fiduciaire, c'est ce qui vous permet d'obtenir des pièces en ligne à avoir sous votre contrôle, en utilisant chaque fonction qui vit sur la plate-forme de négociation et de cette façon, vous pouvez accumuler des crypto-monnaies afin que le capital peut augmenter.

Précautions à prendre lors d'un investissement en crypto-monnaies

Une étape telle que l'investissement dans les crypto-monnaies demande de l'attention car il s'agit d'un environnement volatile et donc plus vous pouvez faire attention, meilleurs seront les résultats financiers que vous pourrez obtenir, car il est habituel pour une crypto-monnaie de dépasser ses sommets historiques et de devenir une tendance, mais ensuite elle peut faire face à une chute sérieuse.

Cependant, les surprises sont nombreuses dans l'environnement des crypto-monnaies, car quel que soit votre degré d'optimisme, très peu de personnes vont toucher une grosse hausse et cela peut vraiment changer la vie au fil du temps, alors quand l'explosion de la hausse se produit, l'actif devient convoité par tous.

Mais lorsque les actions vont mal, les investisseurs se retirent et cela reflète une chute nette du prix des crypto-monnaies, mais dans l'ensemble, le marché a certains modèles qui peuvent être identifiés et suivis, c'est une image beaucoup plus mesurable par rapport au passé.

Le marché de la crypto de la même manière qu'il met en mouvement des baisses, aussi des hausses, c'est une tempête constante avec laquelle vous devez être familier, c'est pourquoi la plupart créent des plans alternatifs pour se soutenir dans les moments difficiles, dans le plan alternatif vous devez inclure les mesures de précaution suivantes :

1. Développer une expérience suffisante sur ce support

Il peut s'agir d'une mesure plus qu'évidente, mais les marchés financiers ont toujours des qualités pour être volatils, et lorsqu'il s'agit de crypto-monnaies, c'est une astuce qui ne peut pas passer inaperçue, car elle fait partie du risque du marché, même s'il s'agit de la même dynamique que n'importe quel autre marché.

Sur le long terme, ce niveau de volatilité est positif, car il permet de profiter de l'appréciation de la crypto-monnaie que vous avez achetée, où la tendance est plus souvent à la hausse qu'à la baisse, même si le danger réside dans la capacité à draguer car toute correction peut faire chuter le marché.

Pour faire face à ces situations et conditions, il est essentiel que chaque investisseur évalue lui-même s'il a le bon profil pour investir dans une telle dynamique, c'est-à-dire pour accepter de travailler sur un marché volatil et imprévisible, ce qui peut être compliqué au début lorsqu'on n'a pas suffisamment d'expérience.

Pour les investisseurs novices, il est donc essentiel de connaître tous les petits détails de ce type de marché, afin de pouvoir réduire considérablement les pertes.

2. **Ne placez pas tout votre capital dans un seul actif.**

Normalement, les investisseurs en crypto-monnaies forment un portefeuille pour diversifier l'investissement, de cette façon, vous aurez une ressource alternative en cas d'incident, lorsque cela est négligé, c'est là que des conséquences plus négatives apparaissent, car la volatilité peut se retourner contre vous.

Le monde des crypto-monnaies est entouré d'une grande diversité d'options d'investissement, mais certaines d'entre elles n'ont pas un potentiel d'investissement à long terme et toutes ne survivent pas, vous devez donc vous informer sur les meilleures options pour franchir cette étape et créer un top personnel des options d'investissement en fonction des informations du marché.

En comprenant parfaitement le type d'actif dans lequel vous investissez, vous pouvez suivre certaines règles d'investissement telles que la diversification, qui est l'une des mesures les plus importantes pour s'assurer que votre capital n'est pas concentré sur un seul actif. Les investisseurs construisent donc un portefeuille en utilisant 5 ou 10 % des options ou des actifs du marché.

La prochaine chose à analyser est la répartition du montant du capital pour chaque option de cryptocurrency, généralement 80% est dédié à celle qui est la plus consolidée et les 15% restants sont mieux alloués aux autres monnaies.

3. **Suivre les actualités et les analyses techniques**

Lorsqu'on entre sur le marché des crypto-monnaies, il est crucial de savoir tout ce qui se passe actuellement, car ce sont des actifs sensibles aux nouvelles ou aux annonces. Ainsi, lorsqu'une rumeur, un tweet ou un parrainage tel que celui d'Elon Musk surgit, certaines crypto-monnaies peuvent monter en flèche ou dégringoler.

Cependant, au milieu de cette surveillance, vous devez également distinguer que tout n'est pas utile, car vous ne devez vous fier qu'aux médias qui sont fiables et reconnus par l'industrie, afin d'obtenir des informations que vous soumettez à une perspective d'investigation et de réfutation pour suivre les données réelles.

Les célébrités elles-mêmes sont responsables de la création du sentiment du marché, les fonds sont donc sensibles aux nouvelles d'intérêt qui peuvent générer de la volatilité, mais cela ne veut pas dire que c'est un facteur beaucoup plus important que l'analyse technique.

Face à un niveau de volatilité récurrent, certains points émergent et donnent un indice pour l'étude, pour reconnaître le mouvement des actifs et pour comprendre la manière dont le volume est négocié, c'est-à-dire en observant les points d'accumulation sur les positions.

Comment investir dans les crypto-monnaies sur le long terme ?

L'investissement à long terme dans les crypto-monnaies est une démarche courante aujourd'hui, car c'est une option beaucoup plus simple et qui laisse une marge de rendement à mettre en avant, mais cela ne veut pas dire qu'il ne faut pas en savoir beaucoup sur le marché avant de franchir le pas vers cette forme d'investissement.

Les crypto-monnaies sont conçues comme une foire d'empoigne virtuelle, car ce sont des actifs qui sont décentralisés, ce sont essentiellement des algorithmes programmés, et ils peuvent être facilement mis en œuvre car ils ont un niveau impressionnant de vitesse et de sécurité.

Cette étape doit être réalisée intelligemment pour prendre soin de vos fonds, car lorsque vous enchaînez les bonnes actions, vous pouvez générer des bénéfices accrocheurs, donc investir correctement ne dépend pas d'une décision chanceuse, il s'agit de créer et d'améliorer constamment une stratégie d'investissement afin de réaliser des bénéfices, vous pouvez suivre ces étapes dans un premier temps :

- **Commencez petit**

Dans le cas d'avoir peu d'expérience dans l'investissement en crypto-monnaies, la chose la plus naturelle est que l'anxiété est le nord de vos actions, mais la recommandation est que vous ne vous avancez pas et ne prenez pas de décisions hâtives, ce dont vous aurez besoin au moment de disposer de vos fonds est de faire appel à la patience et de prendre le temps nécessaire.

Tant que vous pouvez gérer les stratégies commerciales de base, vous pouvez récolter de bons résultats économiques, sans trop de marge de perte.

- **Investissez dans votre préparation**

Avant de faire partie des crypto-monnaies, il est indispensable de faire des recherches sur la technologie blockchain, où vous allez trouver un registre unique et des monnaies numériques, c'est aussi un environnement dans lequel vit l'offre en circulation par rapport au total, c'est ce qu'on appelle les monnaies générées par rapport aux monnaies existantes.

D'autres éléments ou signes communs sur ces environnements sont l'inflation, les échanges de portefeuilles, les clés privées et publiques, si vous ne maîtrisez pas ces concepts à un moment donné, vous allez faire face à des problèmes, donc la préparation n'est jamais de trop, donc la lecture est un moyen clé pour commencer à investir dans les crypto-monnaies.

Normalement, les investissements sont confrontés à des pertes d'argent, principalement parce qu'on ne sait pas comment commencer, même les investisseurs les plus expérimentés sont confrontés à des pertes, mais l'expérience aide à prendre de meilleures décisions, et pour acquérir ce genre d'apprentissage, il est nécessaire de faire des erreurs.

Le chemin des crypto-monnaies est risqué, mais lorsqu'il est bien fait comme une progression régulière, vous allez obtenir un bon investissement sur une certaine monnaie numérique.

- **Étudier le type d'échange à effectuer**

Le temps est essentiel pour trouver le type d'échange le plus approprié, vous devez vous concentrer sur l'obtention d'un meilleur taux, car un bon investissement structuré correctement dès le départ finit par vous laisser de bonnes sommes d'argent, avec des bénéfices qui se maintiennent dans le positif.

Découvrez le prix du bitcoin comme un investissement à long terme

Au milieu du marché des crypto-monnaies il y a différentes fluctuations comme avec d'autres types d'investissements, dans le cas du prix du bitcoin ou de toute autre crypto-monnaie vous allez faire face à différents changements économiques, et en l'absence de régulation de ces actifs vous pouvez subir différentes incidences.

Une monnaie virtuelle est à la libre circulation de chaque utilisateur, mais en étant utilisée comme moyen de paiement, elle gagne plus de confiance sur la société, c'est désormais une monnaie qui devient plus traditionnelle, cela favorise l'investissement dans les crypto-monnaies au point d'augmenter sa valeur.

La réglementation a un certain impact sur le prix des crypto-monnaies, car si elle impose des mesures réglementaires strictes, elle suscitera la crainte des investisseurs, qui s'interrogeront sur le type d'utilisation de ces actifs et sur les contrôles auxquels ils doivent faire face lors des transactions.

Dans certains pays comme le Japon, l'Argentine, la Malaisie et le Venezuela, l'utilisation des crypto-monnaies commence à être restreinte, donc ce que l'on craint c'est qu'elle présente une sorte d'interdiction, donc le prix est affecté et le marché des crypto-monnaies change, donc il est nécessaire que face à un tel coup dur, la stabilité soit attendue.

Il est préférable d'apprendre à créer des modèles décentralisés, de cette façon vous pouvez profiter de l'agilité et de la transparence qui ne vous fait pas prendre de risques, l'état de santé ou ce que traverse le marché importe également, car il modifie et affecte directement la valeur que reçoit un certain type d'actif.

Négociation rentable à long terme en crypto-monnaies

Investir dans les crypto-monnaies est une décision risquée en raison du niveau de volatilité auquel vous devez vous exposer, cela est dû à la fluctuation que le prix de l'actif reçoit, cela se produit avec n'importe quel type de crypto-monnaie, mais il est possible de parier sur cette voie comme moyen d'obtenir des revenus à long terme.

L'investissement à long terme est possible, notamment parce que cet actif virtuel a un meilleur rendement que n'importe quel actif physique, c'est ce qu'on appelle le HODL qui signifie détenir la crypto-monnaie au lieu de simplement la vendre, c'est pourquoi les crypto-monnaies sont connues comme des investissements idéaux pour les entreprises et les institutions.

La volatilité des prix est un type d'événement auquel il faut s'habituer pour faire partie de cet environnement, car l'écosystème financier est constitué de ce type de réactions, ce qui fait que les cryptocurrences sont mal vues, mais elles représentent tout de même une grande opportunité.

Au lieu de s'inquiéter des baisses brutales et choquantes des prix des crypto-monnaies, la meilleure chose à faire est de comprendre et d'étudier le marché des crypto-monnaies car il en dépend que les fonds soient mobilisés de manière positive, vous devez connaître quelques moyens d'investir comme les suivants :

1. **Commerce de crypto-monnaies**

Il s'agit d'une forme d'investissement dans les crypto-monnaies, qui s'effectue en achetant et en vendant pour récolter quelques bénéfices sur les fluctuations qui se produisent dans ce support et affectent le prix, c'est la partie du marché qui peut être exploitée, et pour cela vous pouvez suivre toutes les informations des mouvements à travers Binance, Bitfinex, Kraken, entre autres.

2. **Investissement à long terme dans les crypto-actifs**

Il est reconnu comme un type d'investissement à long terme, qui offre la possibilité de parier sur un projet blockchain susceptible de fournir des rendements plus élevés au fil du temps, bien qu'il s'agisse d'une avenue d'investissement qui nécessite des connaissances, car le fonds est soumis au risque d'attendre de longues périodes d'investissement ou d'attente pour voir des retours.

3. Fonds de pension en crypto-monnaies

Diverses institutions dans le monde ont lancé des campagnes en faveur de l'utilisation de crypto-actifs pour soutenir un fonds de pension, afin que la retraite puisse être abordée avec moins de traumatisme ou de crainte de dévaluation, et la confiance dans les plans de pension s'est accrue, de sorte que les employés bénéficient d'une sécurité juridique et financière.

Investir dans un fonds de crypto-monnaies est une action présente qui laisse de grands résultats dans le futur, c'est donc une poussée qui se produit plus régulièrement, ainsi que de provoquer des institutions d'argent ou de fonds pour commencer à circuler dans le marché des crypto-monnaies.

Cette mesure est une solution pour qu'à la fin de tout travail, vous puissiez vous retrouver avec un fonds qui n'a pas été touché par l'inflation, et dans le meilleur des cas, il aurait pu se multiplier, tout cela en prenant le risque de respecter les conditions d'investissement pour en faire une décision rentable.

Spéculation ou investissement à long terme dans les crypto-monnaies ?

La plupart des investisseurs ont une charge ou une injection financière sur les actifs numériques tels que les crypto-monnaies, car c'est un moyen intéressant de constituer des portefeuilles et de diversifier les opérations avec des fonds, car une crypto-monnaie est comprise comme une réserve de valeur, supérieure même à l'or.

Dans le cas de l'Ethereum, il a été reconnu comme le deuxième actif numérique le plus important du monde, en raison des différentes hausses qu'il a connues parallèlement au Bitcoin, qui constitue un précédent important car, en peu de temps, il a multiplié sa valeur de manière frappante.

Les hausses de chaque actif témoignent du type même de volatilité qui est présent dans les crypto-monnaies, et c'est un actif qui est soumis à une forte composante spéculative qui fait partie du marché des crypto-monnaies, mais cela s'est atténué à mesure que les institutions ont commencé à investir dans ce moyen.

Les grandes entreprises du monde entier commencent à investir dans les crypto-monnaies en tant que réserve de valeur, car il s'agit de la meilleure protection actuellement disponible pour contourner l'inflation, car elle est connue comme un actif capable d'aller au-delà de tout type de spéculation, elle s'intègre donc facilement dans tout plan d'investissement.

Au-delà des corrections qui surviennent à court terme, certaines crypto-monnaies restent dans une position saine, comme le confirment les experts en crypto-monnaies qui restent optimistes, même si de nombreuses perceptions indiquent qu'il est trop tôt pour reconnaître ce support comme idéal.

Mais la vérité est que, en tant qu'investissement à long terme, les crypto-monnaies offrent des perspectives positives, dans la mesure où il s'agit d'une alternative pour faire partie des rallyes rentables, à condition de pouvoir maintenir l'investissement en cours de route pour consolider le capital investi.

Il est probable que les investisseurs à grande échelle, profitant des ralentissements pour entrer et ensuite attendre que les bilans remontent, tout cela sur la base des prix des actifs, les amenant à rechercher le prix le moins cher pour entrer sur le marché, est le sentiment commun des investisseurs pour faire des gains positifs.

- **Les clés de l'investissement à long terme dans les crypto-monnaies**

Dans le cas d'un actif tel que le bitcoin, il est reconnu comme une mesure permanente d'investissement à long terme, grâce à son rôle de réponse plus prospective aux investissements traditionnels en monnaie fiduciaire.

La croyance sur les crypto-monnaies est positionnée en les visualisant comme une réserve de valeur, c'est l'or virtuel susmentionné qui parvient à battre l'inflation, donc c'est un refuge idéal où vous pouvez vous diversifier avec l'énorme quantité de crypto-monnaies qui ont été présentées après le Bitcoin.

- **L'essor d'Ethereum**

Sans rien enlever au rôle du bitcoin en tant que crypto-monnaie majeure, le reste, comme l'Ethereum, est capable de susciter des hausses importantes, d'atteindre des records et est connu sous le nom d'Ethereum, où une hausse parallèle au bitcoin est présentée, derrière ce type d'actif se concentre un grand nombre de similitudes.

Les deux actifs ont des qualités égales, mais Ethereum se distingue du Bitcoin parce qu'il remplit le rôle ou la fonction d'une monnaie, car il est défini comme une plateforme blockchain où certains développeurs peuvent construire des applications décentralisées qui fonctionnent sur l'ensemble du réseau, au lieu d'utiliser des serveurs contrôlés par une organisation.

La valeur d'Etherum dépasse celle de n'importe quelle crypto-monnaie parce qu'il offre des services importants, tels que des applications de streaming décentralisées, des navigateurs web et d'autres utilitaires numériques, ainsi que des applications DeFi, typiques de la finance décentralisée.

Au fur et à mesure que de plus en plus d'utilisations de la technologie blockchain émergent, la valeur de l'Ethereum augmente, ce qui en fait un actif très positif car c'est un type de technologie qui est sujet à des avancées, il est faisable de subir des investissements à long terme car il est en plein bull run.

Découvrez comment construire un portefeuille de crypto-monnaies à long terme.

L'investissement à long terme à travers les crypto-monnaies est connu comme une stratégie idéale pour chercher à augmenter le capital initial que l'on possède, notamment en profitant de la variété des actifs présents sur le marché, chacun étant reconnu comme une opportunité de gagner de l'argent ou de multiplier les fonds.

La plupart des investisseurs expérimentés ont maîtrisé les principes fondamentaux de l'investissement, tels que la diversification du portefeuille, les instruments à court et à long terme, l'étude constante du marché et autres, mais un novice peut également les maîtriser et créer son propre portefeuille de crypto-monnaies à long terme.

Afin de récolter des résultats grâce à un investissement à long terme, vous devez tenir compte des points suivants :

- **Avantages et inconvénients**

Dans le cas des investissements à long terme, l'accent est mis sur l'acquisition d'actifs afin de les accumuler et de les vendre plus tard, le temps lui-même pouvant varier en fonction des objectifs de chaque investisseur, plus l'attitude de conservation qui consiste à conserver les actifs indépendamment de la situation qui peut se présenter sur le marché.

Ces synonymes sont directement associés à l'investissement à long terme, mais la différence entre cette attente et le hodling réside dans le fait que si l'on croit réellement qu'une crypto-monnaie va atteindre la lune, alors la position est tenue, alors que l'investissement traditionnel repose sur des faits fiables.

Quelle que soit la raison pour laquelle la stratégie est conçue, l'essentiel est que l'approche d'investissement puisse fonctionner sur le long terme. Pour ce faire, on peut utiliser des instruments traditionnels sur lesquels parier, comme les obligations ou les actions, pour mieux comprendre ce que représentent les crypto-monnaies et leur nature volatile.

Cependant, il s'agit d'un secteur soumis à des changements rapides, ce sont les risques auxquels vous devez faire face, notamment parce que l'actif que vous avez acheté peut devenir invalide en l'espace d'un an, par exemple, mais ce même facteur peut tourner en votre faveur, ce qui est habituel lorsque certains événements cryptographiques pertinents se produisent.

Les changements imposent un résultat drastique sur les actifs et leur valeur, c'est ce qui en fin de compte est capable d'accumuler des bénéfices à considérer, mais détenir des crypto-monnaies à long terme est une action moins risquée par rapport à l'activité de day trading, surtout lorsque vous parvenez à avoir une participation régulière en tant que trader.

Les avantages de faire des investissements à long terme dans les cryptocurrences sont les suivants :

1. La volatilité au niveau de la crypto est capable d'augmenter la valeur des investissements à différents moments et événements.
2. Un élément clé à étudier est le projet qui possède la crypto-monnaie, car ce type de données a un impact direct sur sa valeur et sur le marché, et un achat précoce d'une crypto-monnaie est capable de réaliser des gains considérables au fur et à mesure que le temps passe et que le projet progresse.

3. Aucune autorité centrale n'intervient dans la croissance et la propagation des crypto-monnaies, ce qui signifie que la seule personne qui en a le contrôle total, c'est vous. Il s'agit donc d'un actif décentralisé et aucun gouvernement ne peut intervenir pour en gonfler ou en dégonfler le prix.

Comme il y a des précédents positifs, il y a aussi des incidences négatives telles que les suivantes :

1. Dans certaines situations, la volatilité peut entraîner une dévaluation de l'investissement à long terme, ce qui constitue l'un des résultats les moins attendus.
2. Les crypto-monnaies, en tant qu'actifs numériques, peuvent constituer une menace de piratage de portefeuilles ou d'incidents de suivi de portefeuille.
3. L'accès au portefeuille, qui stocke les fonds, doit être soigneusement protégé, et les mots de passe doivent donc être à l'épreuve du piratage.

Ces évaluations positives et négatives vous aident à prendre sérieusement certaines précautions lorsque vous investissez dans les crypto-monnaies, grâce à ces points de départ vous pouvez prendre les décisions appropriées pour chaque circonstance ou savoir à quoi vous allez faire face.

- **Étapes de la constitution d'un portefeuille à long terme**

Après avoir pris la décision d'investir dans les crypto-monnaies et de les détenir pendant une longue période, il est essentiel de suivre certaines étapes de base qui vous permettront d'obtenir plus facilement les résultats escomptés.

1. Choisir une crypto-monnaie

Une étape de base est de sélectionner la crypto-monnaie dans laquelle vous allez investir, pour faciliter cela vous pouvez effectuer des recherches sur ces actifs numériques pour prendre une décision en fonction de certaines données appropriées qui vous permettent de prendre la décision d'investir à long terme, il est vital de faire attention à la réputation de l'actif.

La recherche sur un actif doit être profonde, pour cela vous pouvez épuiser chacun des réseaux sociaux à ne pas négliger, de cette façon vous pouvez suivre de près l'évolution et la projection de la crypto-monnaie,

2. Recherchez l'idée

Le projet de toute crypto-monnaie est basé sur une idée ou un objectif, c'est ce que vous devez évaluer ou prendre en compte, car si l'actif propose une approche totalement innovante, il peut être en mesure de résoudre des problèmes et cette valeur se reflète directement sur le prix de la crypto-monnaie.

Dans le cas d'un actif qui génère une vision de développement sur la technologie blockchain, il y aura différents changements positifs sur le prix, cela est utile pour décider si le projet est suffisamment solide pour être adopté comme investissement et s'il mérite toute l'attention d'un investisseur.

3. Évaluer la capitalisation du marché des crypto-monnaies

La question ou l'aspect de la capitalisation du marché se réfère à la représentation de la part de marché qui se présente sur le marché pour un actif numérique spécifique, et en obtenant cette mesure, vous devez savoir que plus la capitalisation du marché est élevée, plus les risques pour les investisseurs sont faibles.

Mais ces aspects sont les seuls qui conduisent à faire de la diversification du portefeuille une réalité. C'est une étape que même les investisseurs les plus expérimentés franchissent, car c'est la clé du succès lorsqu'on mise sur les cryptocurrences, afin de réduire les pertes et de répartir les bénéfices.

La prise en compte à long terme de ces types d'éléments forme le chemin du profit, il s'agit de l'intelligence d'acheter diverses crypto-monnaies qui fonctionnent sur le long terme, cela vous aide à profiter des possibilités de hausse de la valeur afin d'avoir des avantages financiers.

4. Sélectionnez un tracker de portefeuille de crypto-monnaies

Aujourd'hui, il existe plusieurs outils créés pour fournir aux investisseurs toutes les informations détaillées sur les actifs, la solution peut être sous les services de Cryptocompare ou aussi Cointracker, car ils sont des alternatives claires pour suivre les investissements en cryptocurrency à long terme.

Les investisseurs détiennent généralement des fonds par le biais de portefeuilles numériques multidevises, il est essentiel de pouvoir choisir ceux qui sont les plus sûrs et les plus sécurisés.

- **Quel type de crypto-monnaies choisir ?**

La conception d'un portefeuille de crypto-monnaies implique une analyse préalable, car c'est la garantie pour vous d'obtenir une option d'investissement avec beaucoup d'avenir, normalement vous pouvez suivre certains classements qui classent la viabilité de certaines crypto-monnaies, en suivant cela vous pouvez avoir l'aide pour vous de construire la préférence dont vous avez besoin pour créer le portefeuille.

1. Principales crypto-monnaies

Les principales crypto-monnaies sont celles qui représentent un pilier fondamental pour l'industrie des cryptomonnaies, l'une des plus connues et évidentes est le Bitcoin, ce qui signifie que lors de la création d'un portefeuille, avoir BTC parmi vos options peut être une décision intelligente.

Ensuite, parmi les principales crypto-monnaies figure l'Ethereum, qui connaît une évolution rapide lorsqu'elle est utilisée dans des applications décentralisées, ce qui en fait une ressource valable pour un portefeuille à long terme.

2. Cryptomonnaies anonymes

Au sein de l'industrie des crypto-monnaies, il est possible d'effectuer des opérations qui protègent l'identité de chaque utilisateur, ce niveau de confidentialité peut être maximisé lorsque vous effectuez des transactions, et cela s'applique aux crypto-monnaies anonymes qui sont de plus en plus demandées.

En plein milieu de la blockchain et du développement des crypto-monnaies, l'adoption à grande échelle de ce type d'actifs est générée, mais il faut un peu de préparation avant de pouvoir le préférer comme un investissement qui peut faire partie de votre routine, comme Zcash et Monero, de sorte que personne ne peut suivre les transactions car elles sont cryptées.

3. **Protocoles relatifs aux crypto-monnaies**

Certains projets éblouissants sont présentés comme une promesse de changer le monde, cela se passe à l'époque des Initial Coin Offerings connus sous le nom d'ICO's, ceux-ci sont le plus souvent désactivés ou tenus informés par une circonstance d'escroquerie, et puis des solutions technologiques innovantes ont été présentées.

Le réseau décentralisé d'Oracles, Chainlink (LINK), est présenté comme une tendance dans l'industrie, car il fonctionne comme une tentative de réunir des applications du monde réel avec certains contrats intelligents, la fonction de Chainlink est maintenue dans la mise à l'échelle sur les cryptocurrences.

Le rôle de longue date de Polkadot a confirmé sa crédibilité. En théorie, cette plateforme fournit des solutions spéciales pour les transferts inter-chaînes afin de résoudre les problèmes d'évolutivité, ce qui fait de la monnaie DOT une option envisageable pour constituer un portefeuille à long terme.

D'autre part, Cardano est une sorte de projet solide qui vise à résoudre certains problèmes centraux de la blockchain tels que le manque de sécurité, d'évolutivité et de transactions transparentes, en accédant à une réputation complète, en atteignant une capitalisation boursière élevée et en publiant des versions de solutions avancées.

Un actif intéressant pour fixer un portefeuille à long terme est MIOTA, car il est perçu comme une option attrayante pour les traders en raison du fait que la crypto-monnaie IOTA peut être échangée sans commissions et beaucoup moins de mineurs sont impliqués, les développeurs impliqués dans ce projet sont autosuffisants pour offrir l'évolutivité.

Ce type de projet n'est pas basé sur la blockchain, mais utilise une sorte de consensus unique qui appartient à Tangle, bien qu'il possède les principales qualités des monnaies numériques telles que la décentralisation, la méthode de cryptage, l'absence de contrôle et autres.

L'une des crypto-monnaies à considérer est NEO, car elle présente des avantages concurrentiels sur le marché, ce qui a suscité la confiance de tous les amateurs de crypto-monnaies, notamment en raison de la capitalisation totale du marché qu'elle procure.

4. Autres crypto-monnaies

Lorsqu'il s'agit de crypto-monnaies, il y a toujours des alternatives importantes qui attirent l'attention, l'une d'entre elles étant Tron et EOS, qui peuvent être un complément pour concevoir le portefeuille, suivant l'intention principale de cette classe d'actifs est de préserver un écosystème approprié sur les blockchains natives.

Mais quel que soit le type de crypto-monnaie, le marché est toujours soumis à des changements constants en quelques heures, minutes ou secondes, et même pendant de longues périodes, cela peut être une variante récurrente, de sorte que détenir ce type d'actif peut être une idée rentable.

De même, Stellar s'efforce d'augmenter les paiements, et à son tour de diminuer les frais sur les transactions transfrontalières, XLM est utilisé en permanence par certaines entreprises dont la capitalisation se chiffre en milliards de dollars, principalement parce qu'il s'agit d'une crypto-monnaie bon marché dont la tendance est à la hausse.

De même, Litecoin est une version beaucoup plus rapide de BTC, et brille au sein de n'importe quelle crypto-monnaie de premier plan, au milieu de cette position qu'il a maintenue et provoque un grand intérêt pour l'achat et les paris sur cet actif, ce qui signifie qu'il s'agit d'une crypto-monnaie utile.

Enfin, une crypto-monnaie de grande renommée sur le marché émerge, le Bitcoin Cash, qui est un excellent exemple du résultat généré par le fork, sans oublier que BCH continue de mener l'ordre des principales crypto-monnaies avec la capitalisation du marché.

Les composantes d'une stratégie d'investissement à long terme

Le mouvement qui émerge sur le marché des crypto-monnaies est vraiment alarmant pour beaucoup, c'est pourquoi il a une croissance remarquable, bien que les tendances ne se poursuivent pas éternellement, c'est-à-dire que ce n'est pas un écosystème tranquille et cela complique à son tour le HODL.

Face à cette mentalité, de nombreux investisseurs sont capables d'abandonner et d'essuyer des pertes importantes, mais la réponse peut résider dans la détermination de la direction du marché, l'abandon à court terme parce que c'est un mouvement plus risqué et pour les novices peut être compliqué.

La réponse réside dans un chemin à long terme pour réaliser vos opportunités de génération de revenus et avec les crypto-monnaies vous pouvez y parvenir, mais vous devez commencer par façonner une stratégie que vous pouvez suivre afin que votre portefeuille puisse prospérer et qu'aucun aspect mental ne puisse vous empêcher de croître.

Aucune idée dans le monde des crypto-monnaies n'est infaillible, il s'agit donc juste de planifier la mise en place de bonnes pratiques, afin de diminuer les chances de perdre tout votre capital, et en même temps de suivre des actions plus opportunes pour récolter un retour positif.

Mais se concentrer sur tout ce qui se passe quotidiennement dans le monde financier n'est pas une bonne idée, bien que cela ne signifie pas que vous devez vous attendre à acheter et à conserver votre argent avec une attitude totalement passive, car ce n'est pas ce qu'est le

HODLing, où il s'agit d'utiliser la patience pour jauger ce qui se passe sur le marché.

Pour plus de clarté, il est essentiel d'élaborer un plan avec une stratégie solide, afin de pouvoir conserver les crypto-monnaies dans un portefeuille capable de fournir les avantages financiers que vous recherchez, ce que vous voulez obtenir en achetant des crypto-monnaies.

- **Les fondements d'une stratégie d'investissement à long terme**

Une première étape dans la construction d'une bonne stratégie d'investissement à long terme consiste à utiliser des fonds qui ne sont pas nécessaires pour vivre, de sorte que si une éventualité ou une urgence vous arrive, vous vous tirerez d'affaire sans utiliser ces fonds, sinon vous vendrez les cryptocurrences à un moment où vous réaliserez une perte.

En plus des fonds supplémentaires, il est vital de s'occuper de la question de la sécurité pour que les fonds investis ne soient pas en danger, encore moins pendant la période où ils ne seront pas touchés parce qu'ils seront investis, ceci est fondamental pour que vous ne vous laissiez pas emporter par vos émotions et souhaitiez vous retirer, il est donc préférable de penser que ce n'est pas à vous et qu'il est en sécurité.

Un autre aspect essentiel de l'investissement dans les crypto-monnaies est la connaissance que vous avez du projet dans lequel vous investissez. En répondant à certaines questions approfondies, vous reconnaîtrez le potentiel qui se cache derrière l'investissement, par exemple, s'il s'agit d'un actif qui résout un problème et le type d'industrie auquel il appartient.

De cette façon, vous pouvez savoir qui est derrière le projet, afin qu'il ne s'agisse pas d'un actif sans issue ou qu'il ne conduise pas à une escroquerie. Pour élaborer une stratégie, vous devez donc tenir compte de ces aspects, sélectionner celui qui a le plus de mouvement sur le marché afin de quantifier son avenir et son potentiel.

Dans le cas d'une stratégie à long terme, il faut également mesurer ce qui se passe à moyen terme, car c'est ce qui compte en fin de compte, grâce aux variables qui se cachent derrière la technologie blockchain, qui ne vise qu'à améliorer chaque détail des crypto-monnaies.

En gardant à l'esprit les principaux idéaux de ces actifs, on peut se concentrer sur l'achat systématique, tant que le prix est bas, et ensuite avoir l'opportunité de les vendre lorsqu'ils ont multiplié ce prix, bien qu'il faille reconnaître au préalable que l'on risque d'échouer car il n'existe pas de formule précise.

Vous devez vous concentrer sur le fait que la méthodologie d'investissement est toujours sujette à des pertes, vous ne devez donc pas trop vous inquiéter des mouvements opposés du marché à ce que vous avez investi, car il s'agit d'un écosystème volatile et cela entraîne un stress constant.

Accepter ce type de risque vous permettra d'ignorer la complexité de cet environnement, ce qui est essentiel pour que vous vous sentiez bien sur le marché et surtout sur ce que vous avez investi. De plus, le concept de "Market Timing" apparaît comme une capacité à savoir de quel côté le marché va pencher.

Mais ces études ne sont pas sûres, car il n'y a aucune certitude sur un marché et, à long terme, elles peuvent vous faire perdre de l'argent. Il est donc préférable de comprendre qu'il s'agit d'un écosystème indépendant de votre volonté, d'accepter ce qui se passe et d'obtenir ainsi de meilleurs résultats.

- **Connais-toi toi-même**

Dans un marché à forte volatilité, il y a un risque de devoir lutter contre ses émotions et ses croyances, cette stratégie cherche à mettre les sentiments de côté afin de pouvoir prendre des décisions avec plus de clarté, surtout lorsqu'on négocie sur un marché qui n'évolue pas de manière rationnelle.

À court terme, tout type de nouvelles peut entraîner des baisses ou des hausses surprenantes, mais à long terme, si vous avez la possibilité de mesurer l'évolutivité du projet, au moins avec un raisonnement plus logique, alors vous pourrez trouver une opportunité d'investissement et vous n'agirez pas sous l'impulsion de la peur.

En général, lorsque vous ne vous contrôlez pas ou que vous ne prenez pas le temps de réfléchir à ce que vous allez faire, les erreurs courantes suivantes se produisent :

1. Investissez dans quelque chose que vous ne connaissez pas ou ne comprenez pas.
2. Concentrer tous les investissements dans un seul actif.
3. Acheter et vendre en permanence sans aucune planification.
4. Investir de grandes quantités d'argent dans une monnaie de faible valeur.
5. Utilisez l'effet de levier et achetez à découvert.

Cependant, chaque investisseur est humain, et à chaque étape, il y aura une valeur émotionnelle, en particulier dans le choix des actifs, mais il faut différencier qu'il ne s'agit pas de croire aveuglément dans l'actif que vous achetez ou dans les mouvements du marché, ce qui signifie qu'il est généralement faux quand quelqu'un prétend qu'un actif va monter.

Ensuite, lorsque le marché présentera des événements contraires à ceux annoncés, vous chercherez une excuse, pour cette raison il vaut mieux s'en tenir à se rappeler qu'il s'agit d'un marché volatile, ou simplement assumer l'erreur dans la manière d'agir, car au milieu d'un investissement, les sentiments sont les moindres qui prédominent.

- **Recherchez les projets avant d'investir**

Lorsque l'on investit à long terme, les chandeliers, les tendances des graphiques et toute autre mesure deviennent sans objet, car les éléments qui occupent le devant de la scène sont ceux qui composent le projet monétaire. C'est pourquoi vous devez structurer une recherche de type personnel, car elle est importante.

Les qualités habituelles de ce type de recherche sont les suivantes, afin que vous puissiez analyser la manière appropriée de passer à l'étape suivante :

1. Qui est à l'origine du projet ?
2. Clarté et détails sur le livre blanc.
3. Comment le projet fonctionne-t-il ? Pour chercher un raisonnement technique.
4. le type de problème réel qu'il cherche à résoudre ou son utilité.
5. L'industrie que l'actif représente.
6. Les associations qui soutiennent l'émergence de cet actif.

Si vous ne comprenez pas la technologie, l'industrie ou le but de la monnaie au départ, vous devez attendre et réfléchir à votre entrée dans ce monde, pour cela vous pouvez opter pour les conseils d'un expert, un cours de base, c'est-à-dire vous préoccuper davantage de votre éducation sur le monde des crypto-monnaies.

Mais la limite se concentre sur le fait de ne pas acheter juste parce que vous l'avez lu sur un réseau social, mais d'avoir un point de départ plus solide pour évaluer les faits seul, votre propre recherche a plus de poids dans la prise de décisions, plutôt que de simplement suivre certaines recommandations, vous êtes donc plus responsable de ce qui se passe.

- **Portefeuille d'investissement diversifié**

La diversification de vos investissements est une étape fondamentale, car elle fonctionne comme une arme de protection permettant de réduire le niveau de risque. En effet, peu importe ce que vous avez lu sur un projet, il reste encore beaucoup à apprendre et à déterminer, et l'incertitude peut être réduite lorsque vous achetez différents actifs.

Un détail ou un point à souligner est que se concentrer sur l'achat de pièces qui ont une valeur minimale en centimes n'est pas non plus une solution car vous pouvez finir par tout perdre car vous ne savez pas avec certitude s'il s'agit d'un projet avec un avenir, la même chose se produit avec les pièces qui semblent parfaites, au final rien n'est sûr ou fiable.

Dans un marché où tant de monnaies émergent chaque jour, il est habituel qu'un projet soit mal choisi ou que des menaces naissent suite à certaines crypto-monnaies émergentes, la concurrence est donc un facteur à garder à l'esprit, dans le cas de IOTA il s'agit d'une crypto-monnaie qui n'utilisait pas la technologie blockchain, mais maintenant Circle et Hashgraph sont apparus comme concurrents.

Un autre exemple clair est le cas de Ripple qui était unique en poursuivant l'objectif de soutenir le système bancaire, mais ensuite avec l'arrivée de Stellar il a gagné en concurrence, ces prémisses sont importantes à considérer au préalable, afin de continuer à construire un portefeuille équilibré.

Tout d'abord, vous pouvez avoir un montant d'argent qui est à peu près égal à la valeur des cryptocurrences, et n'ayant aucune limitation sur le type de cryptocurrences que vous allez ajouter, ces vues sont l'une des plus recommandables, donc une première étape de base est de construire un portefeuille qui a différents types d'actifs.

Ensuite, lorsqu'il y a une diversité de crypto-monnaies dans le portefeuille, il faut garder le montant investi dans chacune d'entre elles, afin d'avoir un portefeuille équilibré, car si vous avez 10 000 dollars par exemple, et une dizaine d'actifs, l'important est que de temps en temps vous puissiez effectuer un rééquilibrage afin de garder une mesure de 1 000 dollars investis.

Les différents types de crypto-monnaies grâce auxquels vous pouvez construire votre portefeuille sont les suivants :

1. Monnaies transactionnelles.
2. Les jetons de valeur.
3. Pièces de la plate-forme.
4. Jetons d'utilité.
5. Jetons adossés à des actifs.

De même, certaines catégories supplémentaires peuvent apparaître, et les crypto-monnaies présentent de légères distinctions par rapport aux jetons, mais il s'agit de caractéristiques formelles qui ne sont pas cruciales.

Avant d'investir, vous pouvez donc consulter ces concepts, et dans le cas des ICO, elles peuvent entrer dans n'importe laquelle de ces catégories, selon l'offre.

Il est possible de vérifier certaines estimations conceptuelles sur les monnaies transactionnelles qui sont celles qui offrent de la valeur, dans cette gamme est inclus le Bitcoin, tandis que les monnaies plateformes sont celles qui sont connectées à la technologie blockchain et les applications peuvent être créées à travers elle, c'est le cas de NEO, Ethereum et d'autres.

Une description des jetons utilitaires est basée sur ceux qui sont construits pour les dapps, c'est-à-dire qu'ils se conforment à une conception pour l'application blockchain, dans le même sens les jetons de valeur sont ceux qui ne se conforment à aucune fondation et sont utilisés pour lever des fonds.

D'autre part, les jetons adossés à des actifs sont en plein essor, et sont ceux qui représentent la valeur d'autres types d'actifs, un exemple de formation de portefeuille est l'inclusion de EOS, IOTA, NEO, Monero, Cardano, Stellar, Ethereum et Bitcoin, c'est une référence utile, mais vous pouvez prendre votre temps pour décider du portefeuille qui vous convient le mieux.

La balance à choisir doit toujours être adaptée à vos besoins, vous devez également garder à l'esprit qu'il y a des actifs qui sont plus risqués que d'autres, vous devez donc chercher ceux qui sont plus sûrs pour vous, sans aller vers une alternative qui est excessive, en plus de cela, tous les 6 mois, vous pouvez vendre certaines crypto-monnaies qui ont augmenté en valeur.

Dans le cas où certains actifs baissent, il est temps d'en acheter plus, c'est la voie à suivre pour que le portefeuille puisse conserver une ligne équilibrée, sans qu'il soit nécessaire que tous les actifs aillent dans la même proportion, mais une règle générale est qu'aucune cryptocurrency ne doit avoir tout le poids ou la pertinence.

- **Autres aspects d'une stratégie**

Une fois que vous avez fait vos recherches sur le choix des crypto-monnaies, l'étape suivante consiste à élaborer une stratégie solide avec tous les éléments nécessaires, afin de pouvoir maintenir la discipline que ce type d'investissement exige, et réduire certaines de vos pertes.

Si vous ne couvrez pas cette dose nécessaire de discipline, vous allez être dominé par les émotions, mais lorsque vous vous concentrez sur l'investissement, vous avez l'occasion de profiter lorsque de bons signaux apparaissent sur un marché, lorsqu'un signal haussier se présente, mais si vous vendez par désespoir, vous allez manquer l'occasion de profiter.

C'est pourquoi vous devez respecter ces aspects supplémentaires afin de disposer d'une stratégie solide :

1. Choisissez la fréquence de mesure et d'évaluation du portefeuille d'investissement, cela peut être une fois par semaine ou une fois par mois, l'important est que ce soit un jour opportun pour

que vous ne soyez pas pressé et que vous puissiez faire l'analyse avec le temps qu'elle mérite.

2. Utilisez une application qui vous permet de suivre les prix, de cette façon vous percevrez tout mouvement, l'une des alternatives les plus utilisées est Altpocket, car elle vous permet de voir la performance du portefeuille, soit complètement, soit individuellement avec chaque cryptocurrency.

3. Il est utile de former un barème de prix moyen, car il permet de décider du montant total de l'investissement, jusqu'à mesurer les obligations et la durée pendant laquelle ces fonds feront partie de cet objectif.

4. Choisissez une stratégie pour effectuer la prise de bénéfices, c'est-à-dire que vous devez répondre à quel moment vous allez vendre les cryptomonnaies pour obtenir des bénéfices, quel est le montant à vendre, ainsi idéalement lorsque vous composez le portefeuille avec les pourcentages vous pouvez suivre ces règles fidèlement.

Les convictions sont fondamentales pour ne pas perdre de vue ce que vous devez faire lorsque vous vendez ou achetez, en suivant une approche plus équilibrée. Ces règles de base sont donc une disposition à acheter et à prendre des décisions opportunes à tout moment.

- **Réactions et décisions d'achat**

Un conseil essentiel est de trouver un moyen de continuer à acheter progressivement, afin d'éviter les incidents liés à la volatilité et de pouvoir décider du bon moment pour acheter, même s'il peut être difficile de visualiser une jambe parfaite, donc en procédant au coup par coup, vous ne serez pas affecté négativement.

Avoir un prix moyen est une alternative idéale pour que vous puissiez acheter des crypto-monnaies sans tant de problèmes ou de conséquences négatives, au contraire lorsque la transaction est faite en une fois il y a des pertes et des regrets, l'idée est d'obtenir le meilleur prix pour que les émotions n'interviennent pas sur cet investissement.

Lorsqu'on construit un portefeuille, on ne pense pas à la situation future du marché, notamment parce qu'il est impossible d'en être sûr, mais lorsque les périodes d'achat sont plus souples, on reste calme, quoi qu'il arrive sur le marché.

Normalement, les programmes ou méthodes d'achat se basent sur la fréquence, car il peut s'agir d'achats hebdomadaires, mensuels ou annuels, et peuvent également se faire par quantité, de sorte qu'ils peuvent se faire par arrondissement du plus petit au plus grand ou vice versa, l'important étant que ce soit à différentes occasions.

Toute situation risquée peut être mise de côté grâce à l'étalement des coûts, c'est un avantage d'investir à long terme avec un meilleur départ qui se traduit par une productivité future, car vous cherchez à ce que la cryptomonnaie augmente ou prenne de la valeur au fil du temps, mais pour vous enlever de l'esprit cette recherche excessive du meilleur moment, le faire avec pause est la meilleure réponse.

Une autre alternative à l'achat est de couvrir l'investissement pour l'ensemble du portefeuille en une seule fois. Cela comporte une grande marge de risque, mais aussi quelques avantages, mais si vous achetez en une seule fois, vous pouvez trouver l'avantage d'organiser la vente à votre avantage, en laissant de côté les aspects psychologiques.

Mais quand on achète à des prix différents, on n'est pas affecté de la même manière, ce qui permet d'attendre plus facilement que l'investissement produise un bénéfice, cela a une force psychologique, quand on pense à établir une habitude d'achat, il vaut mieux ne pas tenir compte du prix du marché.

À première vue, le prix du marché peut sembler commode, mais vous ne pouvez pas négliger certains pourcentages ou commissions impliqués, car l'ordre d'achat fait face à différents montants et offres, selon le type d'échange que vous choisissez, car chacun a sa propre politique sur les transactions et émet une expérience différente.

Une autre variable qui affecte le coût moyen est le coût moyen relatif, qui permet de formaliser une stratégie qui va dans le sens inverse des recommandations pour former le portefeuille, car elle impose d'ignorer le prix au moment de l'achat, bien que dans certains cas cela génère de bons résultats.

Il est essentiel d'avoir un budget d'achat et de s'y tenir pendant une période déterminée, car si vous disposez d'un certain capital et que vous achetez avec une partie de ce capital, vous aurez la possibilité d'acheter davantage lorsque les prix baissent, et si le prix augmente, c'est un signal pour acheter moins.

Ce type de variante vous oblige à travailler et à vous concentrer beaucoup plus pour obtenir des résultats, mais en réalité, ce qui est difficile pour beaucoup, c'est de reconnaître quand il faut se retenir, car cette anxiété peut vous faire dévier du plan, car vous allez seulement observer et suivre le changement de prix pour prendre une décision.

L'important, c'est qu'il vous appartient de reconnaître le bon type de stratégie afin de calmer vos émotions et d'obtenir la meilleure réaction possible à un changement de prix.

- **Effectuer le rééquilibrage du portefeuille**

L'action de rééquilibrage est connue comme une activité de base pour contrôler vos actifs, car lorsque vous remarquez que certains actifs augmentent considérablement en valeur, cela signifie qu'il est temps de vendre, car la valeur a augmenté et l'achat d'autres permettra au portefeuille d'être équilibré et de faire un profit.

Ce type de réaction signifie que les actifs qui font partie du portefeuille d'un investisseur ne sont pas excessivement importants, ni que d'autres sont oubliés, il s'agit de maintenir la concentration au sommet, dans le cas où une cryptocurrency croît de 400%, et qu'une autre est soutenue avec une croissance stable, cet actif devient 40% du portefeuille total.

Même si, au début, vous aviez à l'esprit que l'actif ne devait occuper que 10 % du portefeuille, cette mesure peut changer, la meilleure chose à faire est de concevoir une sorte de graphique ou de liste permettant de mieux visualiser ce qui se passe, à titre d'illustration pour que l'actif soit représenté.

Les applications de suivi aident beaucoup dans cette tâche, et ensuite prendre l'action de vendre une partie de certaines crypto-monnaies qui ont augmenté de manière frappante au cours des derniers jours, c'est-à-dire que si le Bitcoin monte, et IOTA est resté inchangé, vous devez vendre une partie du Bictoin pour acheter plus du deuxième actif.

Ce type de stratégie se fait en fonction du type de plan d'investissement que vous suivez, et sont des étapes à faire hebdomadairement, mensuellement ou semestriellement, mais il est préférable de ne pas le faire pendant de courtes périodes, car les commissions affecteront le type de profits que vous pouvez générer.

Une révision tous les trois mois est une mesure optimale, sans tomber dans une transition qui est volatile, car les opérations d'achat et de vente seront influencées par le momentum du marché, mais cela ne veut pas dire que c'est interdit, l'important est que ce soit une décision bien fondée.

Ce type de prévisions est utile pour être utilisé comme un outil permettant de faire face au risque avec plus de sécurité. Le risque est également diminué lorsque vous ne misez pas tout sur un seul produit, mais lorsque vous diversifiez, vous obtenez de nombreuses opportunités de profit à chaque mouvement du marché.

- **Comment prendre les bénéfices**

Prendre ou retirer des bénéfices peut être compris à première vue comme quelque chose de simple, mais lorsque vous réalisez ce type d'investissement vous devez réfléchir à deux fois à cette action pour gagner de la rentabilité sur ces options, car le monde des crypto-monnaies est risqué et lorsque vous investissez à long terme vous devez maintenir une position sans vendre.

Peu importe l'évolution des conditions de marché, l'idéal est de conserver les crypto-monnaies au fur et à mesure de leur évolution dans le temps, d'oublier ses besoins et de laisser l'argent générer les gains attendus, il n'y a aucune raison de vendre et de manquer les sommets.

Il peut être difficile d'attendre qu'une cryptocurrency augmente de 500 %, mais elle peut aussi s'effondrer de 300 %, c'est pourquoi le retrait des bénéfices est opportun, même si vendre au plus haut pour vendre au plus bas est une chose délicate à essayer de maîtriser et peut entraîner des pertes.

Ce type d'objectif peut être classé comme gourmand, car ils attendent de grandes augmentations pour vendre, et très peu sont capables de prédire l'augmentation de n'importe quel actif, car déterminer ce type de mouvement avec précision est complexe, car le prix est varié, à cela s'ajoute le facteur émotionnel de croire en une crypto-monnaie.

Il ne s'agit pas d'estimations simples, mais lorsqu'on acquiert de la conviction, on ne court pas après le résultat des achats et des ventes sans prêter attention aux mouvements du marché, à moins que l'on ne recherche un risque élevé pour gagner de l'argent plus rapidement, quoi que cela signifie.

Indépendamment des besoins qui peuvent survenir, l'idéal est de s'en tenir à l'investissement à long terme que vous avez choisi en premier lieu, puis au fil du temps, vous récolterez une croissance importante en fonction du pourcentage acquis au fil du temps, donc la réponse la plus sûre est de s'en tenir au plan établi.

Lors de la vente d'une crypto-monnaie, il faut évaluer le côté attractif qu'elle a pu perdre au fil du temps, c'est un point de vue fondamental à considérer, surtout si l'on considère que le marché aura toujours un comportement incontrôlable.

Même s'il s'agit de la meilleure crypto-monnaie, si vous n'y voyez pas de valeur, elle risque de perdre rapidement sa valeur. La solution consiste donc à ignorer un peu les cotations, car ce qui compte le plus, ce sont les idées qui se cachent derrière les crypto-monnaies.

En résumé, cette stratégie d'investissement à long terme couvre tous les moments de stress, car les nouvelles ou les mouvements de prix peuvent vous mettre sous pression, et cela ne fait que vous pousser à faire des erreurs, ceci s'applique à tout type d'actif, car aucun investissement n'est sûr et réussi à 100%.

Quelques mesures pour bien gérer les investissements à long terme

Pour réaliser un investissement à long terme, il faut aller au-delà de 12 ou 18 mois avec la position ou la détention d'un actif, mais en réalité, pour réaliser un investissement, il faut étudier de nombreux aspects, l'un des plus fondamentaux étant l'objectif personnel que vous avez, car il sera la principale motivation des stratégies pour utiliser le temps comme un facteur en votre faveur.

Il ne fait aucun doute que l'objectif de ce type d'investissement est d'obtenir une rentabilité de 100%, grâce à une solidité frappante, et un examen constant de ce qui se passe, pour profiter des flux de trésorerie, ce qui est recherché est la réévaluation des actifs par le biais des mouvements du marché.

La forte volatilité est utilisée pour que les mouvements du marché soient ce qui fait ou défait les profits, mais pour cela il est vital de profiter du temps pour atteindre ces flux d'actifs, donc la première étape fondamentale est de reconnaître l'importance de la diversification des actifs.

Les actifs sont confrontés à un certain risque, qui produit une rentabilité, vous avez donc deux options : assumer la rentabilité et le risque que cela implique, ou ne pas l'accepter et ne pas générer de bénéfice ou d'investissement, mais comme il s'agit d'investissements à long terme, vous ne serez pas exposé à un niveau de risque aussi élevé, les aspects à couvrir sont les suivants :

1. **Rentabilité**

Le risque et la nécessité de le minimiser, est ce qui va dépendre ou estimer le niveau de rentabilité obtenu, car si vous êtes trop prudent vous ne générez pas les mêmes bénéfices, à tout moment la rentabilité est directement associée au risque, il est vital de se concentrer sur cela, si vous cherchez un risque minimum, vous n'aurez qu'une rentabilité médiocre.

Si vous investissez dans un actif qui offre un rendement équilibré, vous pouvez ajuster ou estimer le risque en le combinant avec d'autres actifs. La diversification à long terme est donc essentielle, plutôt que de préférer un seul actif, pour récolter une action, et les crypto-monnaies avec leur comportement sont meilleures que les autres instruments.

2. Parier sur les dividendes

Il s'agit d'un autre type de stratégie visant à mettre en œuvre des investissements à long terme en suivant l'objectif des projets afin de mesurer le type de rendement qu'ils peuvent fournir. Pour en tirer parti, il est important de choisir des sociétés qui génèrent de bons dividendes, c'est-à-dire un revenu régulier et croissant.

C'est ce que l'on appelle une mesure originale pour les actions, car le rendement des actions est décrit comme une action, mais les dividendes à percevoir ne sont pas fixés sur une quelconque convention, mais la sélection doit être placée sur les entreprises qui ont une augmentation considérable des dividendes.

3. **Réplication d'un index**

Il s'agit de fonds qui simulent et reproduisent un certain comportement de l'indice du marché, qu'il s'agisse d'un revenu fixe ou d'une action. L'investisseur peut ainsi obtenir une souscription au fonds et constituer un portefeuille d'actifs, qui doit suivre la même composition que l'indice, ce qui est classé comme fonds indiciels.

L'utilité de cette alternative est de reproduire une économie sans avoir à se pencher de trop près sur la gestion du portefeuille, il s'agit d'un suivi beaucoup plus passif, compte tenu du fait qu'un indice est une moyenne pondérée et cherche à être moins volatile que les actifs individuels qui le composent.

Chaque oscillation des actifs commence à se compenser, et le risque est plus faible, c'est une intention de dominer le marché afin de procéder à la gestion d'un niveau de risque plus élevé, pour cela la meilleure réponse est de suivre le marché plutôt que de le dominer, car l'économie a plus de principes à suivre à long terme.

Au milieu des impulsions du marché, il y a aussi des revers et des opportunités de profiter des saisons haussières, toujours confiant que le marché s'appréciera à long terme, donc en fonction du comportement des crypto-monnaies, vous pouvez décider de construire un portefeuille d'actifs.

4. **Investissements alternatifs**

Opter pour des moyens alternatifs est utile lorsque vous n'avez pas d'indice à suivre ou que vous n'êtes pas clair sur le comportement de la crypto-monnaie, pour établir un revenu variable qui génère les intérêts composés attendus, il s'agit de réinvestir les rendements dans le fonds que vous possédez, afin d'obtenir des intérêts composés.

Une crypto-monnaie en tant que produit financier majeur permet de réinvestir pour obtenir des revenus grâce à des stratégies à long terme, réalisant ainsi le potentiel des intérêts composés.

5. Investir dans la valeur

Elle est présentée comme une stratégie qui a gagné en popularité grâce à Warren Buffett, qui a enflammé ce type d'idéaux grâce à Benjamin Graham, en somme deux brillants investisseurs qui recommandent de ne pas perdre de vue la valeur, surtout pour ce qu'elle représente dans le monde financier comme une sorte de religion.

La création de richesse de Buffett, qui est le résultat du suivi de ses concepts sur l'interprétation des marchés financiers, qui établit l'examen du fonds d'actions, cette politique recherche des actifs qui ont un faible prix de marché par rapport à leur évaluation objective et leur utilité.

Pour ce faire, vous devez effectuer une évaluation du projet, en suivant les données brutes et objectives, afin de déterminer la valeur du bien en réalité, puis la comparer au prix auquel il est coté sur le marché, afin de voir s'il est en dessous ou au-dessus de sa valeur, et découvrir une grande opportunité d'investissement.

En entrant sur le marché, et en attendant sur le long terme, le prix de l'actif peut s'ajuster vers ce qu'il vaut réellement, mais c'est une situation qui demande de la patience, car un actif ne récupère pas sa position en peu de temps, c'est donc une stratégie à mettre en place pour les investisseurs qui ne sont pas pressés et cela fonctionne sur les crypto-monnaies.

Il s'agit donc d'une philosophie, où tous les facteurs fondamentaux de l'actif et du projet qui le sous-tend comptent, ce qui exige des connaissances.

6. Compléter un investissement à long terme

Tous les types de fonds à revenu fixe à long terme sont utiles lorsque vous ajoutez quelques observations imposées sur la performance à long terme de la crypto-monnaie, de sorte que le rendement est déplacé vers un plan annuel, afin que vous puissiez compter sur un degré de sécurité plus élevé.

Comme il s'agit d'un investissement à long terme, le facteur de liquidité est laissé de côté, mais l'objectif est plutôt de constituer un portefeuille qui dispose d'un fonds garanti, ce qui permet de compléter l'investissement et de sous-pondérer ensuite le portefeuille, de sorte qu'il génère toujours un revenu fixe en tant que produit financier stable.

Le rôle des crypto-monnaies comme option à long terme

L'entrée dans le monde des crypto-monnaies doit être envisagée en raison du potentiel de croissance qu'elles possèdent, ce qui en fait une option d'investissement puissante, d'autant que ces actifs numériques gagnent en puissance par rapport aux marchés financiers traditionnels.

Il s'agit de profiter des opportunités du marché, pour entrer lorsque certaines baisses se produisent, sans vous nuire de certains bons jours où le prix ne tombe pas, mais si elle augmente dans les jours suivants, il est donc une attente qui peut donner deux résultats opposés, dans un marché n'est pas connu à coup sûr ce qui se passe.

Les nouveaux investisseurs en crypto-monnaies peuvent être initialement craintifs, alors parfois une profonde récession, et quelques ventes désespérées peuvent causer des pertes importantes dans un marché baissier, qui peut prendre beaucoup de temps à récupérer.

Le comportement des crypto-monnaies au fil du temps a établi un modèle directement associé à la volatilité qui alimente la croissance et la rentabilité de tout investissement, sans craindre que les saisons baissières entraînent des réactions désespérées ou contre-productives.

Conseils pour investir à long terme dans le Cardano

Les hausses de certaines crypto-monnaies peuvent être pleinement exploitées, et c'est le cas de Cardano, un actif qui depuis son émergence en 2017 reste sur des positions ascendantes, cela prouve l'énorme fluctuation qui se cache derrière ces actifs, et c'est une constante qui affecte les prix.

Pour certains investisseurs, parier sur les crypto-monnaies peut être inapproprié, bien que l'audace de cet investissement ait augmenté ces dernières années, car c'est un monde prometteur où Cardano gagne de l'espace pour sa crypto-monnaie ADA, même si ces types de transactions ne sont pas réglementés, et que leur popularité ne cesse de croître.

Le marché des crypto-monnaies est de plus en plus apprécié comme une alternative intéressante pour investir, car des actifs tels que Cardano émergent et peuvent convaincre n'importe qui, ils font partie du développement de la blockchain Input Output Hong Kong, ce qui attire l'attention des investisseurs.

La naissance de Cardano remonte à 2017, puis elle a pris une place importante sur le monde des crypto-monnaies, notamment parce que ses nouvelles et ses hausses coïncident avec une période haussière, et cette série a été mise à profit pour le démarrage positif d'ADA, au point de s'envoler et d'émerger dans les principaux classements de tokens.

L'intérêt pour la blockchain Cardano ne cesse de croître, car sa structure à deux couches attire l'attention, de sa première couche nommée CCSL qui couvre les transactions de crypto-monnaies, et de la couche suivante CCL qui a pour fonction de lancer les applications et les contributions des développeurs.

Il s'agit d'une nouveauté par rapport à la technologie du Bitcoin, du Ripple, du Litecoin et de l'Ethereum, car la technologie blockchain devient plus accessible, comme c'est le cas avec les qualités de Cardano, au point d'être accessible de manière passionnante à chaque utilisateur pour des investissements à court et à long terme.

Tout ce que vous devez savoir sur la préparation des investissements à long terme

Le rendement du marché des crypto-monnaies atteint ou dépasse 900%, surtout après l'année 2017, ces chiffres n'ont jamais été observés auparavant sur aucun marché, ce qui fait que l'investissement à long terme est la meilleure stratégie pour obtenir des bénéfices, mais pour arriver à ce point, vous devez construire un portefeuille qui peut diminuer la marge de pertes.

La vision à long terme est un synonyme direct de patience, ainsi que d'acceptation du fait qu'il s'agit d'un marché qui évolue rapidement, de sorte qu'au lieu d'années, il peut être réduit à des mois, c'est l'un des avantages de l'investissement à long terme, qui vous permet de faire preuve de discernement en matière de rendement.

- **Les points positifs de l'investissement à long terme dans les cryptocurrences.**

Les statistiques confirment la croissance économique qui se cache derrière les crypto-monnaies, c'est pourquoi il s'agit d'une voie qui fonctionne et qui est prouvée par le niveau de rendement que ces actifs génèrent, grâce aux tendances à la hausse qui, au fil du temps, sont présentées dans ce domaine.

Pour cette raison, l'investissement à long terme est beaucoup plus adapté aux crypto-monnaies, afin de profiter du fait que vous avez accès à de faibles commissions en premier lieu, car investir avec l'approche du trading ne vous laisse que des pertes dues aux commissions constantes, alors que lorsque vous achetez simplement et attendez, vous n'êtes pas exposé aux commissions.

D'autre part, cette mesure est moins risquée, car il s'agit seulement d'entrer et de sortir du marché, il n'y a pas grand-chose de plus à faire, vous n'avez donc pas besoin d'investir des jours ou du temps pour réaliser des bénéfices considérables, et avec une bonne stratégie, vous n'aurez pas à vous soucier du temps.

À son tour, lorsque vous mettez en œuvre une stratégie solide pour investir dans les crypto-monnaies, vous réduisez vos pertes, pour autant que vous puissiez penser au niveau de volatilité auquel vous êtes confronté, afin de tracer les bénéfices que cet investissement produit, pour lequel la construction de portefeuille est essentielle, car vous suivez certains indicateurs.

Le potentiel d'un choix de crypto-monnaies peut être mesuré, c'est-à-dire qu'au moyen d'une identification constante, vous pouvez inclure ces actions afin que vos fonds ne soient pas perdus mais plutôt le contraire.

- **Indicateurs de valeur à long terme**

La part de marché est une définition pour avoir une mesure de la proportion de la capitalisation du marché qu'une crypto-monnaie a sur le marché, quand une part de marché est un symbole de domination, elle est utilisée comme une évaluation de la viabilité à long terme d'une crypto-monnaie.

Par conséquent, un autre indicateur à estimer est la valeur d'utilité, qui aide à déterminer si une crypto-monnaie sera maintenue dans quelques années, c'est-à-dire mesurée par l'utilité de l'actif, ainsi que le type de marché d'utilisateurs qui la soutiennent comme une sorte de soutien ou d'approbation.

Comme vous pouvez répondre à ces points, vous adopterez les crypto-monnaies appropriées pour récolter des bénéfices, par exemple, Ethereum vous permet de construire des applications décentralisées, donc la valeur de cet actif est basée sur le développement de DAPP, au vu de ce concept on peut conclure que c'est un actif avec un avenir en raison de son utilité.

De même, le volume de transaction est une estimation pour voir si une crypto-monnaie est utilisée, pour cela il suffit de regarder de près le volume, celui-ci est enregistré historiquement, c'est-à-dire que c'est un chiffre qui augmente et les tendances à la hausse réaffirment qu'à long terme le portefeuille sera maintenu.

Dans le même sens, le développement de la technologie est un facteur clé dans l'évolution de la crypto-monnaie, car la technologie derrière elle doit être adéquate pour que l'actif soit un excellent pari à long terme, notamment parce que ce ne sera pas un projet qui échouera.

Le traitement des transactions doit être efficace, car c'est cette hausse qui maintiendra la crypto-monnaie viable, bien que l'impact sur le prix soit également causé par les nouvelles du marché, car elles deviennent des expériences qui rayonnent des conséquences sur la viabilité de l'actif.

Chaque nouvelle du marché peut affecter et affectera le prix, entraînant une modification de la valorisation du portefeuille. Il se peut donc que vous ne sachiez pas comment réagir en temps voulu, c'est pourquoi vous devez suivre les nouvelles qui ont un poids financier, afin de pouvoir prendre des décisions concernant le portefeuille.

Vous pouvez trouver plus d'indicateurs pour suivre la viabilité de chaque cryptocurrency, et en ayant ces estimations à l'esprit vous pouvez construire votre portefeuille avec une orientation spécifique, sans perdre de vue le pourcentage que chaque cryptocurrency a de ce qui est investi.

- **La passion du risque**

Le choix d'une crypto-monnaie est une exposition directe au risque, donc avant de vous lancer dans ce domaine c'est un aspect que vous devez prendre en compte, il faut donc mesurer le niveau de tolérance que vous avez face aux événements économiques, car ils ne sont pas similaires aux marchés d'investissement traditionnels.

Cependant, c'est cette même exposition au risque qui produit un niveau de rendement plus élevé, et cela peut être capitalisé plus facilement au fil du temps, et fait partie de l'effet de levier d'un portefeuille équilibré grâce auquel vous ne devez pas prendre trop de risques, mais qui n'est pas trop prudent.

En appliquant ces considérations aux crypto-monnaies, vous pouvez mieux comprendre les crypto-monnaies, à partir desquelles vous pouvez mesurer le type d'exposition qui correspond à votre résistance au risque. Par exemple, un portefeuille à forte incidence de risque est un portefeuille composé à 80 % de crypto-monnaies à petite capitalisation.

Ce que vous devez faire lorsque vous investissez dans des crypto-monnaies

On observe chaque jour que l'investissement dans de grandes proportions et sur de courtes périodes de temps est devenu courant, c'est une voie qui peut fournir des bénéfices, mais qui comporte un niveau de risque élevé, donc la réponse d'un investissement à long terme est un moyen pour vous de faire un profit, bien que cela puisse prendre beaucoup plus de temps, sans autant de risque.

Gagner de l'argent en négociant certaines crypto-monnaies va de pair avec le choix de ces actifs, ainsi qu'avec la prise en compte du premier facteur qui est le temps que vous voulez consacrer à la récolte des bénéfices, et en même temps le niveau de risque que vous allez traiter pendant ce processus.

Mais la recherche de profits importants et à court terme comporte un risque élevé, et il est indispensable d'y consacrer plus de temps. C'est pourquoi il est possible de faire des études complètes, afin de suivre la voie la plus appropriée à ses aspirations personnelles.

1. **Attention à la fraude**

Le monde des crypto-monnaies a beaucoup d'opportunités, certaines peuvent être très bonnes, mais d'autres ne le sont pas car derrière ces informations il peut y avoir de fausses estimations, soit avec des gourous, soit avec des applications, cette situation est constante et s'intensifie lorsqu'une tendance prend le dessus sur le marché.

Normalement, vous pouvez tomber sur des offres qui ne cherchent qu'à attirer les gens, par le biais d'un plan académique ou informatif qui, en fin de compte, est un mensonge, ce qui peut être tentant parce qu'il semble réel et est même postulé comme la meilleure et la plus sûre alternative, alors que c'est le contraire.

2. Le présent et l'avenir

Les données qui sont analysées en moyenne, à la fois les crypto-monnaies et le marché, et la finance, peuvent jouer un rôle clé pour le type d'influence que cela a, et il est un must pour les stratégies traditionnelles pour vous permettre d'être en mesure de diversifier votre investissement à travers différents types de crypto-monnaies.

En suivant ces étapes, il ne fait aucun doute que vous aurez l'opportunité de bénéficier d'intérêts composés, ceci est fourni par la plateforme que vous choisissez pour réaliser un tel investissement, de même vous devez garder à l'esprit que l'investisseur moyen ne doit pas oublier que vous perdez plus que vous ne gagnez.

Le trading et les crypto-monnaies en général peuvent être dangereux pour la santé, car le retour sur investissement provoque beaucoup d'émotions et de ravages, surtout lorsqu'un résultat inférieur à celui escompté survient, donc à court terme ce n'est pas un investissement ou une activité saine, surtout si vous êtes un trader novice.

L'apprentissage se fait de manière rationnelle, au fur et à mesure que l'on interagit avec le monde des crypto-monnaies, surtout lorsqu'il s'agit d'évaluer la moyenne et la rentabilité de chaque étape, ce qui peut vous amener à observer un état constant de perte, sans oublier que le passé a aussi un certain poids sur les incidences qui se produisent au cours de l'investissement.

Vérifier ce qui arrive à votre investissement est une somme de concentration et de stress, car les transactions ont un effet et une conséquence directs sur votre vie.

3. **Doutes sur le day trading par rapport à l'investissement à long terme**

À travers les données disponibles sur le marché, être un day trader ne se positionne pas comme la meilleure voie pour les novices, bien qu'il s'agisse d'une voie populaire et qu'elle existe, car au niveau psychologique, la plupart sont séduits par ce type de choix, en raison du fait que le monde économique est difficile à comprendre.

De même, les gains rapides sont ceux qui reçoivent le plus d'attention de la part du marketing, cela provoque un biais de survie, car les humains sont attirés par l'empathie par le nombre de faits ou de résultats positifs, une fois que les investisseurs quotidiens présentent leurs bénéfices élevés cela devient une séduction pour les autres.

Les profits amènent les gens à se concentrer sur ce qu'ils gagnent ou survivent, et non sur ce qu'il leur en a coûté pour y arriver ou ce qu'ils ont perdu. Un autre facteur psychologique est l'actualisation hyperbolique, qui a trait au biais cognitif consistant à préférer ne penser qu'aux gains et au rendement de cet investissement.

Le day trading n'a que des résultats immédiats, mais plus de profit a un long terme, bien qu'il soit habituel que les investisseurs n'osent pas parce qu'ils ont peur de l'avenir, pour cette raison ils pensent au rendement immédiat, au lieu du rendement à long terme, tout cela grâce à ces deux pensées subconscientes qui sont utilisées par les faux gourous.

Différentes applications et publicités cherchent à inciter davantage de personnes à investir dans cette modalité, cette erreur commune est commise par les débutants, en raison de leur inexpérience, il est facile de se laisser emporter par des publicités trompeuses.

4. **Les avantages de privilégier les investissements à long terme**

Sur la base des données, il peut être déterminé que le day trading et les investissements à court terme dans les crypto-monnaies, il est évident qu'ils ne fournissent pas de profits, donc le chemin à long terme fournit moins de risques afin que vous puissiez multiplier vos fonds, c'est une démonstration de la réalité de ralentir la vitesse du trading.

Vous devez envisager des options d'investissement sûres pour votre avenir. De plus, ce type de rendement est attrayant, d'autant plus que les échanges fournissent des intérêts composés, ce qui signifie que vous pouvez avoir un intérêt de 5 % sur de nombreuses cryptocurrences, voire la plupart.

Pour ces raisons, détenir et conserver des crypto-monnaies est une alternative viable, ceci est intéressant pour les prédictions qui offrent des données positives sur les actifs, et c'est une motivation importante pour se décider pour telle ou telle crypto-monnaie.

Comment investir dans les crypto-monnaies par le biais du trading social ?

Il est essentiel, avant d'investir dans les crypto-monnaies, de connaître toutes les options disponibles, afin de pouvoir choisir celle qui vous convient le mieux. Aujourd'hui, alors que de nombreux utilisateurs parient sur les crypto-monnaies, il est essentiel de les utiliser comme un instrument de défense contre l'inflation, par exemple.

La première chose à surmonter est la peur de la volatilité, car chaque pari est entouré de cet élément, tandis que pour les conservateurs, il y a l'option des monnaies stables qui conservent la même parité que le dollar, tout cela faisant partie de la tendance financière internationale.

Parier sur le marché des crypto-monnaies est précieux car la confiance dans ces actifs est croissante, plus de la moitié des investisseurs l'utilisant comme un plan à long terme pour préserver leur avenir, en grande partie en raison de la méfiance envers le système financier traditionnel.

Une fois que la peur peut être surmontée, l'étape suivante consiste à acquérir des crypto-monnaies naturellement et en toute confiance, à prendre simplement la décision de trouver la meilleure façon d'utiliser les crypto-monnaies, et la réponse vient après la position de détenteur, car détenir les actifs plus longtemps a un plus grand avenir que d'être un simple trader ou négociant.

Le moyen le plus approprié et le plus privilégié est le "trading social", car il s'agit d'un modèle ou d'un moyen pour vous d'utiliser les bons outils afin de réduire le risque que vous prenez, et cela fait partie d'un processus de préparation et d'apprentissage utile, qui consiste à reproduire le portefeuille numérique détenu par un gourou financier ou un financier reconnu.

En investissant dans les mêmes actifs que ces experts, vous pouvez obtenir un rendement égal, même si vous pouvez toujours gagner ou perdre, rien n'est totalement assuré, à moins qu'il ne s'agisse de données professionnelles payantes. Vous pouvez donc calmer vos émotions et faire vos premiers pas dans cet environnement.

www.ingramcontent.com/pod-product-compliance
Lightning Source LLC
Chambersburg PA
CBHW070110230526
45472CB00004B/1200